AF227226

8
L.K. 466.
A.

MÉMOIRE

TENDANT

A Appeler le Concours du Gouvernement

ET

DES ADMINISTRATIONS DÉPARTEMENTALES

POUR

L'EXÉCUTION DU PROJET D'ÉTABLISSEMENT,

En Algérie,

DE

86 Colonies Agricoles et Industrielles,

SOUS LA DÉNOMINATION DE

COLONIES DÉPARTEMENTALES.

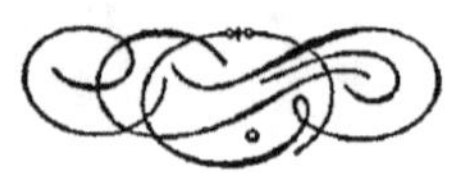

ALGER.

IMPRIMERIE DE A. BOURGET, RUE SAINTE, 1.

—

1853.

Ik 8 466 A

Alger, le   1855

Monsieur,

J'ai l'honneur de vous adresser ci-joint, un exemplaire du Mémoire, que j'ai publié, en 1848, sur *le Projet des Colonies Départementales, à fonder en Algérie.*

Les considérations que j'ai développées dans ce Mémoire peuvent se résumer ainsi :

L'idée de la fondation de quatre-vingt-six Colonies Agricoles, prenant chacune le nom du Département fondateur, parait féconde en heureux résultats et de nature à écarter une infinité d'obstacles qui ont arrêté, ou singulièrement paralysé le succès des établissements que l'administration a tenté de fonder jusqu'à ce jour.

Les inconvénients des Colonies Agricoles créées par le Gouvernement, les avantages du mode proposé, n'ont sans doute

JK 8 466
A

pu échapper à l'Administration ; mais, obligée de céder à des exigences politiques, le succès de ces établissements n'a pu être la règle absolue de sa conduite.

Coloniser l'Algérie, c'est la mettre en valeur par la culture. Or, le plus grand nombre des colons transportés dans ce but sont complètement étrangers à l'agriculture. Pris à Paris, ils ne devaient naturellement fournir que des ouvriers d'art. Cependant, ce sont des colons cultivateurs qu'il nous faut pour fonder des Colonies Agricoles.

Le mélange d'hommes pris au hasard pour former des centres de population ne produit que des inconvénients. Ainsi réunies, les populations restent et vivent isolées.

Les habitants d'un village , venus de tous les coins de la France,, n'ont aucuns souvenirs communs, aucunes habitudes sympathiques ; ils ne peuvent s'entretenir du pays, pour se consoler de l'exil ; on sait la diversité de mœurs, d'habitudes, de jeux ; rien ne lie le villageois du nord à celui du midi ; ceux-ci travaillent d'une façon, ceux-là d'une autre ; l'un avec un instrument, l'autre avec un autre ; et l'on sait la répugnance invincible qu'éprouve l'ouvrier des champs à travailler autrement qu'on le fait dans son village, avec d'autres instruments que ceux dont il a fait usage toute sa vie.

Il résulte de là que les colons, ainsi choisis, ne peuvent ni vivre ensemble, ni se secourir dans l'œuvre de la colonisation.

Des hommes qui ne se sont pas connus, qui ignorent le passé les uns des autres, s'abandonnent plus facilement au désordre ; la morale en souffre comme le travail.

Dans la colonisation fondée par département, on rencontre les avantages de tous les inconvénients que nous venons de signaler.

Les hommes venus ensemble se surveillent réciproquement.

S'ils s'oublient, leur famille, leur village peuvent connaître leur inconduite ; c'est une solidarité qui leur pèse et qui les retient.

La communauté d'habitudes, de langage, de plaisirs de tra‑
vail les réunit et leur fait oublier l'exil; s'ils peuvent ains
s'entretenir au moral, ils évitent la nostalgie; ils peuvent pa
reillement se secourir dans leurs occupations agricoles. Il es
des époques dans l'agriculture où il faut nécessairement un
certaine réunion de bras pour exécuter certains travaux; leur
bras sont accoutumés au même ouvrage et au même procédé
ils se rendront d'indispensables services; sinon, ils s'abandon
neront et succomberont à la peine.

Si la colonisation gagne à l'emploi de ce mode de fonder de
colonies, les départements n'y trouveront pas un moindr
avantage. Ils s'imposent pour venir au secours des ouvrie
sans travail: ils font ainsi aux familles malheureuses l'aumôn
du pain qui leur manque. Combien ne serait-on pas plus heu
reux de leur fournir du travail! L'aumône humilie, le trava
donne droit à l'assistance.

L'aumône peut imposer des sacrifices sans terme; le tra
vail donnera bientôt le moyen de s'en passer.

Les colonies en général attirent peu l'intérêt de la métr
pole; la colonie d'un département intéressera et attachera in
vitablement le département qui l'aura fondé.

Veuillez agréer, Monsieur, l'assurance de ma considératic
la plus distinguée,

CŒUR DE ROY,

Négociant, Trésorier de la société d'agriculture d'Alger,
juge au tribunal de commerce,

COLONIES DÉPARTEMENTALES

EN ALGÉRIE [1].

La conquête de l'Algérie est, non-seulement un fait d'armes glorieux pour la France, mais un évènement pour ainsi dire providentiel qui lui offre, dans les circonstances actuelles, le bénéfice d'avantages matériels, moraux et politiques dont elle ne saurait manquer de profiter, au moyen du vaste développement qu'elle peut, qu'elle doit donner à la colonisation agricole de ce pays ; œuvre pacifique, mais non moins glorieuse que la conquête du sol par les armes, et qu'il est de l'intérêt, comme de l'honneur de la France, de poursuivre avec ardeur et constance.

L'Assemblée Constituante, pénétrée de la grandeur de l'entreprise, avait largement ouvert la voie, par le vote d'un crédit de *cinquante millions* destinés à fonder des Colonies Agricoles en Algérie ; il appartient maintenant aux hommes éminents et éclairés qui sont aux sommités des pouvoirs publics de la métropole, de poursuivre cette œuvre entreprise sous des inspirations trop exclusivement politiques, de lui rendre son

(1) Ce Mémoire a été rédigé en 1848.

caractère d'utilité générale, et par un heureux concert de volontés et un intelligent emploi des ressources dont ils peuvent disposer, de lui donner l'impulsion et l'extension qui lui sont nécessaires.

Ajoutons que l'accomplissement d'une pareille tâche semble surtout réservé par la Providence au Gouvernement de Louis-Napoléon, à ce Gouvernement qui a fondé le rétablissement de l'Empire sur le principe des conquêtes de la Paix.

En présence de la nécessité de favoriser l'émigration et l'établissement en Algérie d'une nombreuse populationde Français, l'idée d'appeler chaque département à y fonder un ou plusieurs centres de population et à en fournir seul les habitants, nous paraît une idée d'ordre, heureuse, morale, qui doit être féconde en bons résultats. Cette conception discutée et approfondie, et à la réalisation de laquelle viendraient concourir le Gouvernement et les Départements fondateurs, dans les proportions combinées de l'intérêt de chacun, nous semble récéler d'heureuses conditions de succès.

En résumé, cette combinaison consiste à appeler chaque Département de la métropole à établir en Algérie, un ou plusieurs centres de population *dont il fournirait seul les habitants.*

Chaque colonie prendrait le nom du département fondateur.

Les Colonies seraient essentiellement Agricoles, mais elles pourraient aussi, suivant les conditions de localités, être industrielles.

Elles seraient, autant que possible, placées dans les zônes ou régions analogues ou correspondantes à celles des départements qu'elles représenteraient.

L'émigration des Colons serait volontaire; elle serait provoquée par des offres aux familles d'agriculteurs ou d'industriels, honnêtes et probes, que des infortunes auraient atteints.

Elle devrait avoir lieu sous des conditions tellement considérables pour les émigrants, que l'avantage d'y prendre part deviendrait une faveur et une récompense, et le but une occupation utile à tous les intérêts, à la quelle s'attacheraient bientôt les Administrations Départementales, les Sociétés de Bienfaisance et les hommes de progrès.

Les concessions de terres obtenues de l'État par les Départements, seraient faites par ceux-ci aux Colons, avec titres définitifs, sous condition de paiements facultatifs, en capital ou en rentes, mais avec des conditions tellement favorables de libération, que la propriété ainsi concédée, serait presque donnée.

Les dépenses d'Établissement de ces Colonies seraient faites en grande partie par l'État, ou par toute autre ressource, et l'autre partie, par les Départements, soit au moyen de cotisations volontaires, soit au moyen du produit de contributions extraordinaires, qu'ils sont ou pourraient être autorisés à s'imposer et à employer à cet objet.

Tel est, en substance, le projet dont la réalisation est sollicitée.

Les diverses parties de ce Mémoire ne sont que le développement et le classement de ces idées et de ces bases.